¿Qué líneas son más largas?

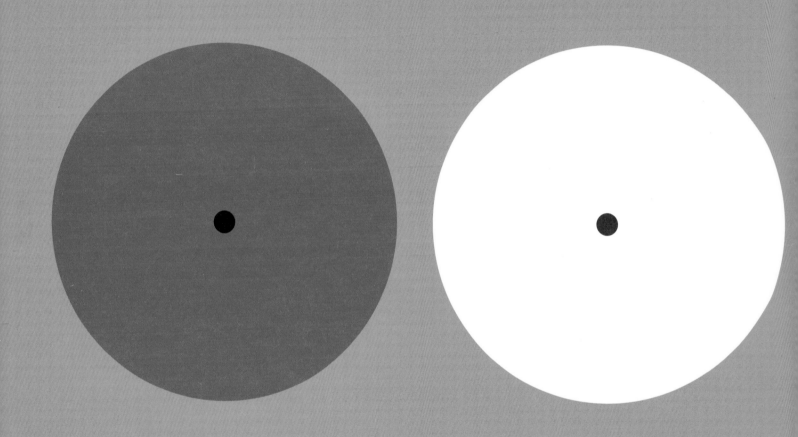

Observa fijamente el punto negro del círculo rojo durante 30 segundos.
A continuación, mira el punto negro del círculo blanco.
¿De qué color es ahora?

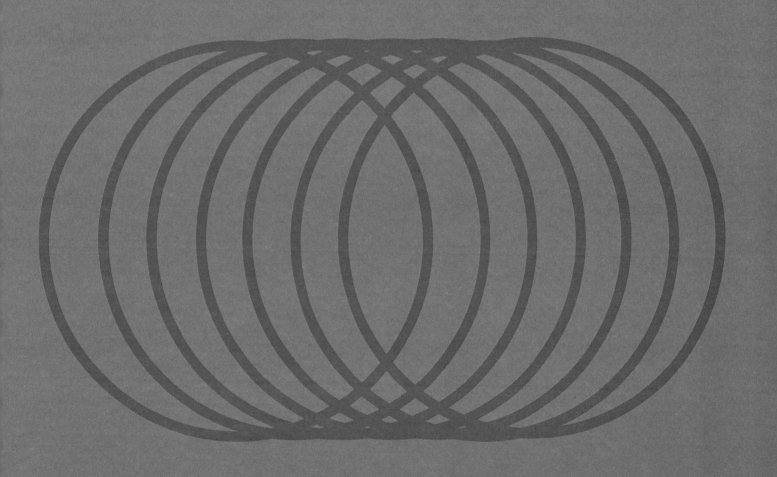

¿Hacia dónde va el tubo, hacia la derecha o hacia la izquierda?

¿Cuántas flechas hay? Fíjate bien.

¿Cuál de los dos peces es más pequeño?

Mira el punto azul oscuro del centro de la imagen durante un rato.
¿Qué les pasa a los otros puntos de colores?

¡Ooooooh!

Paso, trote, ¡galope!

En esta imagen, ¿solo ves ocho círculos?

¿Podrías dibujar un cuadrado azul y un círculo amarillo alargando las líneas de color?

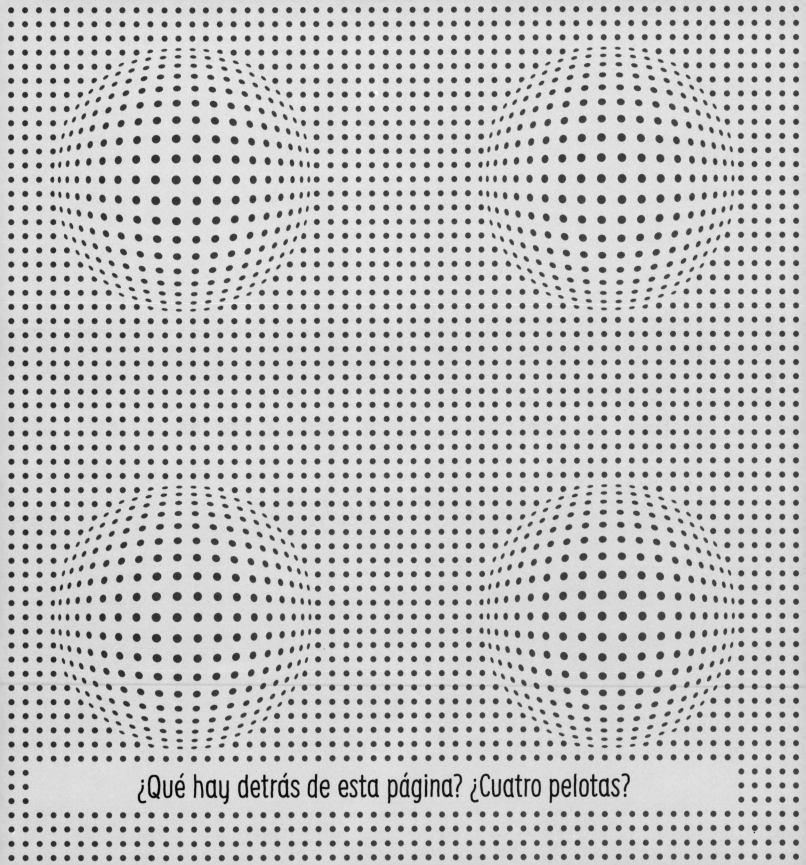

¿Qué hay detrás de esta página? ¿Cuatro pelotas?

Levanta la solapa y fíjate en los cuadrados.
¿Son rectos?

¿Hacia qué lado se inclinan las líneas que hay dentro de los círculos?

¿Todos los círculos son del mismo tono de azul? ¿O hay unos más claros que otros?

Aparte de los círculos, ¿ves un cuadrado? ¿Está dibujado realmente?

Mira la imagen fijamente y verás cómo se mueve, ¡parece que crezca!

Fíjate en las líneas amarillas. ¿Son paralelas?

¿Los dos cuadrados escondidos son de diferente tamaño?

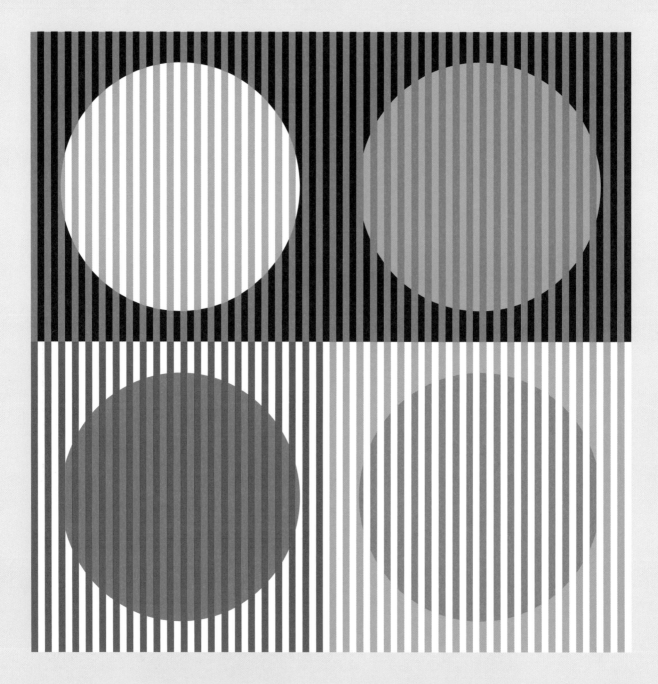

¿Las rayas verdes de los círculos de arriba son del mismo tono?
¿Y las azules de los círculos de abajo?

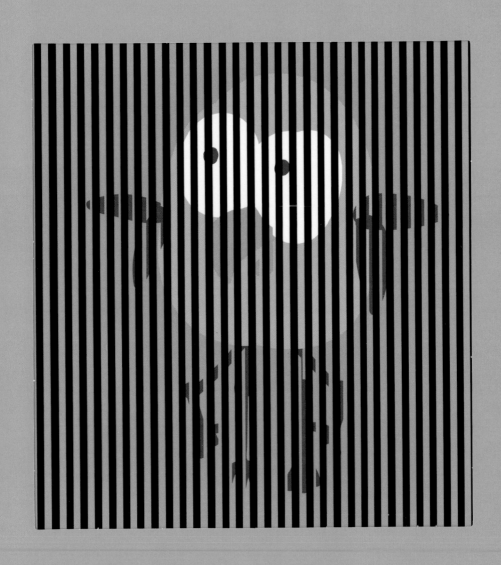

¿Se mueve, el pájaro?

¿Las líneas rojas de arriba son paralelas?
¿Los cuadrados rojos de abajo están en paralelo?

¿Las aristas del aspa son rectas?

SOLUCIONES

Todos los cuadrados son iguales, pero la disposición, el contraste de colores y las cruces negras y blancas en las intersecciones de cuatro cuadrados hacen que parezcan en movimiento.

Todas las líneas son iguales, comprobadlo con una regla. Es una ilusión lineal que se produce por la disposición especial de las líneas.

Si te fijas bien, ¡verás el segundo punto de color! Al mirar un punto concreto muy fijamente (sin parpadeo), el ojo se fatiga, deja de responder por unos segundos y ves el punto negro de la derecha de color.

Se puede interpretar que va hacia los dos lados. Debido a la ausencia de formas cóncavas en la naturaleza, nuestro ojo tiene problemas para determinar la disposición tridimensional de algunas figuras. En esta ilusión, no sabemos si el tubo está dirigido hacia la izquierda o hacia la derecha.

Es una ilusión de fondo y forma; hay 52 flechas. Si divides el dibujo en 9 cuadrados, verás que algunos contienen 4 flechas y otros tienen 8, unas rosadas y otras de color granate.

Hacer una estimación a ojo sobre medidas y longitudes no es fácil. El pez de arriba parece algo más curvado, pero en realidad los dos son iguales. Si colocáramos un pez sobre el otro, lo veríamos. Se trata de una ilusión de distorsión.

Esta ilusión óptica funciona con el mismo principio que la tercera ilusión. Si miramos un punto concreto muy fijamente (sin parpadeo), el ojo se fatiga, deja de responder y entonces se ven puntos de diferentes colores e incluso algunos que desaparecen.

La rueda hace mover las rayas impresas de debajo, que se cruzan con los espacios abiertos y provocan una ilusión de movimiento de gran belleza para nuestros ojos. ¡No dejes de hacerla girar!

La rueda hace girar los caballos impresos que vemos a través de las aperturas de la página. La sincronización entre las imágenes y las aperturas hace que se cree una ilusión de animación de las imágenes y que parezca que los caballos cabalguen. La ilusión está inspirada en el fenaquistoscopio, el primer juguete óptico que permitió reproducir el movimiento de una imagen.

Vemos 8 círculos, pese a que realmente no están dibujados del todo. Nuestro cerebro añade lo que falta porque tiende, de forma innata, a completar las figuras conocidas. Pero también vemos un cubo, aunque no exista. El contorno que señala cada vértice del cubo es pequeño, y aun así vemos el cubo, que solo existe en nuestro cerebro.

En los dos casos podríamos completar la figura correctamente, a pesar de que no lo parezca. Las líneas paralelas que interrumpen el cuadrado y el círculo rompen la forma y, aparentemente, las líneas que se ven parece que no formen un cuadrado ni un círculo perfecto.

La disposición de los puntos negros hace que el dibujo coja volumen visualmente y se vean cuatro esferas. Evidentemente no hay nada detrás de la hoja, pero percibimos una imagen tridimensional.